Riqueza sin impuestos:

Aprenda las Estrategias y Atajos de los Ricos para Reducir los Impuestos Utilizando el Cash Value Life Insurance, 1031 Real Estate Exchanges, 401k y IRA Investing

Por

Income Mastery

D1602865

o mal uso de la información en cuestión por parte del lector hará que las acciones resultantes sean únicamente de su competencia. No hay escenarios en los que el editor o el autor de este libro puedan ser considerados responsables de cualquier dificultad o daño que pueda ocurrirles después de realizar la información aquí expuesta.

Además, la información en las siguientes páginas está destinada únicamente a fines informativos y, por lo tanto, debe considerarse como universal. Como corresponde a su naturaleza, se presenta sin garantía con respecto a su validez prolongada o calidad provisional. Las marcas comerciales que se mencionan se realizan sin consentimiento por escrito y de ninguna manera pueden considerarse como auspicios de la misma.

Contenidos

Capítulo 1: Cash Value Insurance y el camino a la riqueza

¿Qué es el Cash Value Insurance? ¿Puede ayudarnos a incrementar nuestra riqueza?

El seguro de vida permanente es un término general para los planes de seguro de vida que no caducan, a diferencia del seguro de vida a término, que promete el pago de un beneficio por muerte específico dentro de un período específico de años.

Por lo general, el seguro de vida permanente combina un beneficio por muerte con una porción de ahorro, lo que permite a las pólizas generar un valor en efectivo, contra el cual el propietario de la póliza puede pedir prestados fondos o, en algunos casos, retirar efectivo para ayudar a satisfacer necesidades como pagar la educación universitaria de un niño o cubriendo gastos médico.

¿Cómo funciona el seguro de vida con valor en efectivo?

El seguro de valor en efectivo es un seguro de vida permanente porque brinda cobertura para la vida del asegurado. Tradicionalmente, el seguro de vida de valor en efectivo tiene primas más altas que el seguro a término debido al elemento de valor en efectivo. La mayoría de las pólizas de seguro de vida con valor en efectivo requieren un pago de prima de nivel fijo, del cual una parte se asigna al costo del seguro y el resto se deposita en una cuenta de valor en efectivo.

El valor en efectivo del seguro de vida genera una tasa de interés modesta, con impuestos diferidos sobre las ganancias acumuladas. Por lo tanto, el valor en efectivo del seguro de vida aumentará con el tiempo.

¿Cuáles son las diferencias, por qué es importante y cómo entender el seguro de vida con valor en efectivo?

El seguro de vida con valor en efectivo es más caro que el seguro de vida a término. A diferencia del seguro de vida temporal, las pólizas de valor en efectivo no caducan después de un número específico de años. Es posible pedir prestado contra una póliza de seguro de vida con valor en efectivo.

A medida que aumenta el valor en efectivo, el riesgo de la compañía de seguros disminuye a medida que el valor en efectivo acumulado compensa parte de la responsabilidad del asegurador. Por ejemplo, considere una póliza con un beneficio por muerte de $ 25,000. La póliza no tiene préstamos pendientes ni retiros de efectivo anteriores y un valor acumulado en efectivo de $ 5,000. A la muerte del asegurado, la compañía de seguros paga el beneficio total por muerte de $ 25,000. El dinero recaudado en el valor en efectivo ahora es propiedad de la aseguradora. Debido a que el valor en efectivo es de $ 5,000, el costo de responsabilidad real para la compañía de seguros es de $ 20,000 ($ 25,000- $ 5,000).

La vida entera, la vida variable y el seguro de vida universal son ejemplos de seguros de vida con valor en efectivo. Algunos tienen un valor en efectivo como un beneficio vivo para el titular de la póliza. El componente de valor en efectivo sirve sólo como un beneficio vital para los asegurados. Como beneficio vital, el asegurado puede recurrir a cualquier valor en efectivo durante su vida. Hay varias opciones para acceder a los fondos. Para la mayoría de las políticas, se permiten las entregas o retiros parciales.

El valor en efectivo neto del seguro de vida es lo que usted o sus beneficiarios han dejado una vez que la compañía de seguros deduzca sus honorarios o cualquier gasto incurrido durante la propiedad de la póliza.

Los impuestos se difieren sobre las ganancias hasta que se retiren de la póliza y se distribuyan. Una vez distribuidas, las ganancias están sujetas a impuestos a la tasa impositiva estándar del titular de la póliza. Algunas políticas permiten retiros ilimitados, mientras que otras restringen cuántos sorteos se pueden tomar durante un período o año calendario. Además, algunas políticas limitan los montos disponibles para la eliminación (por ejemplo, un mínimo de $ 500).

La mayoría de los acuerdos de seguro de vida con valor en efectivo permiten préstamos del valor en efectivo. Al igual que cualquier otro préstamo, el emisor cobrará intereses sobre el principal pendiente. El monto pendiente del préstamo reducirá el beneficio por fallecimiento dólar por dólar en caso de fallecimiento del titular de la póliza antes del reembolso total del préstamo. Algunas aseguradoras requieren el reembolso de los intereses del préstamo y, si no se pagan, pueden deducir los intereses del valor en efectivo restante. El valor en efectivo también se puede usar para pagar las primas de la póliza. Si hay suficiente valor en efectivo, un asegurado puede dejar de pagar las primas de su bolsillo y hacer que la cuenta de valor en efectivo cubra el pago.

Capítulo 2: ¿Qué es el Cash Value Insurance? Aprende el significado y cómo te beneficia.

Comencemos explicando el Cash Value Insurance. ¿Has escuchado hablar del mismo? A continuación te explicamos qué es el Cash Value Insurance y cómo funciona. El Cash Value Insurance es un seguro de vida permanente que incluye un componente de ahorro. Ahora, el seguro de vida permanente es un término general para los planes de seguro de vida que no caducan, a diferencia del seguro de vida a término, que promete el pago de un beneficio por muerte específico dentro de un período específico de años. Debemos tener esto en cuenta para poder entender cómo nos va a beneficiar.

Usualmente el seguro de vida permanente combina un beneficio por muerte de la persona que es el titular del seguro junto con una porción de ahorro, esto es lo que permite a las pólizas generar un valor en efectivo. Esto quiere decir que sólo el titular de la póliza puede pedir prestado fondos o inclusive también puede retirar efectivo. Por ejemplo, podrías pedir este efectivo para poder pagar la educación universitaria de tus hijos, cubrir diferentes tipos de gastos médicos o situaciones que requieran dinero en efectivo.

El seguro de valor en efectivo (Cash Value Life Insurance) es un seguro de vida permanente el cual brinda cobertura para la vida del asegurado. Tradicionalmente, el Cash Value Life Insurance tiene primas más altas que el seguro a término debido al elemento de valor en efectivo. La mayoría de las pólizas de Cash Value Life Insurance requieren un pago de prima fijo, ya que una parte de esta prima se asigna al costo del seguro y el resto se deposita en una cuenta de valor en efectivo. Esto es lo que nos brinda ese efectivo que podremos utilizar en caso de emergencia. Cabe resaltar, que nosotros recomendamos que guardemos este dinero en efectivo para ser utilizado realmente en caso de emergencia, recuerda que siempre debes contar con dinero en efectivo y/o ahorros de emergencia, ya sea un fondo de emergencia por ejemplo para poder utilizarlo en caso de alguna emergencia o algún gasto que no estaba programado.

Asimismo, el Cash Value Life Insurance genera una tasa de interés modesta, con impuestos diferidos sobre las ganancias acumuladas. Por lo tanto, el valor en efectivo del seguro de vida aumentará con el tiempo.

¿Por qué es bueno el Cash Value Life Insurance? ¿Cómo ayuda a reducir tus impuestos y a incrementar el dinero que tienes disponible? ¿Cuáles son las diferencias entre un Cash Value Life Insurance y el seguro tradicional?

El Cash Value Life Insurance en efectivo es más caro que el seguro de vida a término pero esto es porque tiene mucho más beneficios. Por ejemplo, a diferencia del seguro de vida temporal, las pólizas de valor en efectivo no caducan después de un número específico de años. Es posible pedir prestado contra una póliza de seguro de vida con valor en efectivo. Esto nos va a beneficiar en caso de que queramos hacer compras grandes para no endeudarnos y nos va a ayudar a tener una mejor línea crediticia en caso de que queramos pedir préstamos grandes como por ejemplo, un préstamo para comprar una casa o un departamento. Esto nos va a ayudar a calificar.

Entonces, te explicamos cómo funciona este tipo de seguro. Mientras más vaya aumentando el Cash Value Life Insurance, el riesgo de la compañía de seguros disminuye, ya que el valor en efectivo acumulado compensa parte de la responsabilidad del asegurador. ¿A qué nos referimos con esto? Considera por ejemplo una póliza con un beneficio por muerte de $ 25,000. La póliza no tiene préstamos pendientes ni retiros de efectivo anteriores y un valor acumulado en efectivo de $ 5,000. A la muerte del asegurado, la compañía de seguros paga el beneficio total por muerte de $ 25,000. El dinero recaudado en el valor en efectivo ahora es propiedad de la aseguradora. Debido a que el valor en efectivo es de $ 5,000, el costo de responsabilidad real para la compañía de seguros es de $ 20,000 ($ 25,000- $ 5,000).

Debemos tomar en cuenta que el valor en efectivo que podremos retirar es un beneficio solamente para el titular de la póliza, es decir, el componente de valor en efectivo sirve sólo como un beneficio vital para los asegurados. Como beneficio vital, el asegurado puede recurrir a cualquier valor en efectivo durante su vida. Hay varias opciones que tiene el titular de la póliza paras retirar los fondos y acceder a los fondos. Para la mayoría de las políticas, se permiten las entregas o retiros parciales del fondo.

Debemos tomar en cuenta que el valor en efectivo neto del seguro de vida es lo que el titular de la póliza o sus beneficiarios han dejado una vez que la compañía de seguros deduzca sus honorarios o cualquier gasto incurrido.

Cabe resaltar que los impuestos se difieren sobre las ganancias hasta que se retiren de la póliza y se distribuyan. Una vez distribuidas, las ganancias están sujetas a impuestos a la tasa impositiva estándar del titular de la póliza. Algunas políticas permiten retiros ilimitados, mientras que otras restringen cuántos sorteos se pueden tomar durante un período o año calendario. Además, algunas políticas limitan los montos disponibles para la eliminación (por ejemplo, un mínimo de $ 500).

La mayoría de los acuerdos de seguro de vida con valor en efectivo permiten préstamos del valor en efectivo. Al igual que cualquier otro préstamo, el emisor cobrará intereses sobre el principal pendiente. El monto pendiente del préstamo reducirá el beneficio por fallecimiento dólar por dólar en caso de fallecimiento del titular de la póliza antes del reembolso total del préstamo. Algunas aseguradoras requieren el reembolso de los intereses del préstamo y, si no se pagan, pueden deducir los intereses del valor en efectivo restante. El valor en efectivo también se puede usar para pagar las primas de la póliza. Si hay suficiente valor en efectivo, un asegurado puede dejar de pagar las primas de su bolsillo y hacer que la cuenta de valor en efectivo cubra el pago.

Capítulo 3: 1031 Real Estate Exchanges, ¿qué es?

En un campo cargado de terminología especializada, es esencial comenzar a entender lo básico.

Un Real Estate Exchange 1031 recibe su nombre de la Sección 1031 del Código de Rentas Internas de Estados Unidos que le permite evitar pagar impuestos sobre las ganancias de capital cuando vende una propiedad de inversión y reinvierte el producto de la venta dentro de ciertos límites de tiempo en una propiedad o propiedades de tipo similar e igual o mayor valor.

Bajo la sección 1031, cualquier producto recibido de la venta de una propiedad permanece sujeto a impuestos. Por esa razón, los ingresos de la venta deben transferirse a un intermediario calificado, en lugar del vendedor de la propiedad, y el intermediario calificado los transfiere al vendedor de la propiedad o propiedades de reemplazo. Un intermediario calificado es una persona o compañía que acepta facilitar el intercambio 1031 al retener los fondos involucrados en la transacción hasta que puedan ser transferidos al vendedor de la propiedad de reemplazo. El intermediario calificado no puede tener ninguna otra relación formal con las partes que intercambian bienes.

Como inversor, hay varias razones por las que puede considerar utilizar un intercambio 1031. Algunas de esas razones incluyen:

a) Que esté buscando una propiedad que tenga mejores perspectivas de retorno o que desee diversificar los activos.

b) Si usted es propietario de bienes inmuebles de inversión, es posible que esté buscando una propiedad administrada en lugar de administrar usted mismo.

c) Es posible que desee consolidar varias propiedades en una, para fines de planificación patrimonial, por ejemplo, o puede dividir una sola propiedad en varios activos.

d) Restablecer el reloj de amortización (explicado a continuación).

El principal beneficio de realizar un intercambio 1031 en lugar de simplemente vender una propiedad y comprar otra es el aplazamiento de impuestos, es decir, la reducción de impuestos. Un intercambio 1031 le permite diferir el impuesto sobre las ganancias de capital, liberando así más capital para la inversión en la propiedad de reemplazo. Esto va a ayudar, a que tenga más riqueza, es decir, que tenga más ingreso y a deducir sus impuestos.

Sin embargo, es importante tener en cuenta que un intercambio 1031 puede requerir una inversión mínima y un tiempo de mantenimiento relativamente altos. Esto hace que estas transacciones sean más ideales para personas con un patrimonio neto más alto. Y, debido a su complejidad, las transacciones de intercambio 1031 deben ser manejadas por profesionales. Recordemos que debemos seguir ciertas reglas, y así tengamos diferentes estrategias y atajos para reducir nuestros impuestos, debemos cumplir con las normas.

Ahora, continuemos hablando y explicando qué es la depreciación y por qué es importante para un intercambio 1031.

La depreciación es un concepto esencial para comprender los verdaderos beneficios de un intercambio 1031. ¿Pero qué significa y qué representa? La depreciación es el porcentaje del costo de una propiedad de inversión que se da de baja cada año, reconociendo los efectos del desgaste. Es decir, cada año debemos depreciar la propiedad debido al desgaste. Cuando se vende una propiedad, los impuestos sobre las ganancias de capital se calculan en función de la base ajustada neta de la propiedad, que refleja el precio de compra original de la propiedad, más las mejoras de capital menos la depreciación. Hay que tener muy en cuenta este monto ya que anualmente tendremos que deducirlo.

Si una propiedad se vende por más de su valor depreciado, es posible que tenga que recuperar la depreciación. Eso significa que el monto de la depreciación se incluirá en su ingreso imponible de la venta de la propiedad.

Dado que el tamaño de la depreciación recapturada aumenta con el tiempo, puede estar motivado a participar en un intercambio 1031 para evitar el gran aumento en el ingreso imponible que la recuperación de la depreciación causaría más adelante. La recuperación de la depreciación será un factor a tener en cuenta al calcular el valor de cualquier transacción de intercambio 1031; solo es una cuestión de grado.

Por otro lado, la elección de una propiedad de reemplazo es vital, hay ciertas reglas y tiempo que debemos seguir para poder aplicar el 1031 y reducir nuestros impuestos.

La propiedad de tipo similar se define de acuerdo con su naturaleza o características, no con su calidad o grado. Esto significa que existe una amplia gama de propiedades reales intercambiables. La tierra vacante se puede cambiar por un edificio comercial, por ejemplo, o la propiedad industrial se puede cambiar por residencial. Hay que tener claro qué es intercambiable y qué no. Por ejemplo, no se puede intercambiar bienes inmuebles por obras de arte, por ejemplo, ya que eso no cumple con la definición de tipo similar. Sin embargo, la propiedad debe mantenerse para inversión, no para reventa o uso personal. Esto generalmente implica un mínimo de dos años de propiedad. Volvemos a hacer énfasis en que la propiedad debe mantenerse para inversión, no para reventa o uso personal.

Para recibir el beneficio completo de un intercambio 1031, su propiedad de reemplazo debe ser de igual o de mayor valor. Debe identificar una propiedad de reemplazo para los activos vendidos dentro de los cuarenta y cinco días y luego concluir el intercambio dentro de los cientos ochenta días. Hay tres reglas que se pueden aplicar para definir la identificación. Debe cumplir con uno de los siguientes:

1) La regla de tres propiedades le permite identificar tres propiedades como compras potenciales, independientemente de su valor de mercado.

2) La regla del doscientos por ciento le permite identificar propiedades de reemplazo ilimitadas siempre que su valor acumulado no supere el doscientos por ciento del valor de la propiedad vendida. Debemos tomar muy en cuenta este porcentaje a la hora de tomar decisiones.

3) La regla del noventa y cinco por ciento le permite identificar tantas propiedades como desee siempre que adquiera propiedades valoradas en un noventa y cinco por ciento de su total o más.

Hay varias posibilidades para realizar intercambios 1031, estos van a variar en tiempo y otros detalles, cada uno va a crear un conjunto de requisitos y procedimientos que deben seguirse al pie de la letra. Recuerda que debes seguir la ley y debemos cumplirla a cabalidad. Ahora, debemos ver cuál nos conviene y en cuál podríamos encajar y qué es lo que podemos utilizar y cómo podemos utilizarlo a nuestro favor.

1) 1031 intercambios realizados dentro de ciento ochenta días se conocen comúnmente como intercambios retrasados, ya que, en un momento, los intercambios tuvieron que realizarse simultáneamente.

2) Los intercambios de construcción a medida permiten que la propiedad de reemplazo en un intercambio 1031 sea renovada o recién construida. Sin embargo, estos tipos de intercambios aún están sujetos a la regla de tiempo de ciento ochenta días, lo que significa que todas las mejoras y la construcción deben estar terminadas para cuando se complete la transacción. Cualquier mejora realizada posteriormente se considera propiedad personal y no calificará como parte del intercambio. Tomar en cuenta este tiempo para poder calificar.

3) Si adquiere la propiedad de reemplazo antes de vender la propiedad a intercambiar, se llama intercambio inverso. En este caso, la propiedad debe transferirse a un titular de alojamiento de intercambio (que puede ser el intermediario calificado) y debe firmarse un acuerdo de alojamiento de intercambio calificado. Dentro de los cuarenta y cinco días posteriores a la transferencia de la propiedad, se debe identificar

una propiedad para el intercambio y la transacción que se debe realizar dentro de los ciento ochenta días.

Recomendamos siempre consultar con un experto. Debemos tomar muy en cuenta el número de días y que cumplamos las condiciones. Recuerda que si no las cumplimos, no podremos aplicar ni calificar para el 1031.

Las propiedades de tipo similar en un intercambio también deben tener un valor similar. La diferencia de valor entre una propiedad y la que se intercambia se llama boot. Vuelvo a hacer énfasis en que deben tener un valor similar.

Si una propiedad de reemplazo es de menor valor que la propiedad vendida, la diferencia (arranque en efectivo) está sujeta a impuestos. Si se utiliza propiedad personal o propiedad no similar para completar la transacción, también se inicia, pero no descalifica para un intercambio 1031.

La presencia de una hipoteca está permitida a ambos lados del intercambio. Si la hipoteca sobre el reemplazo es menor que la hipoteca sobre la propiedad que se vende, la diferencia se trata como una bota de efectivo. Ese hecho debe tenerse en cuenta al calcular los parámetros del intercambio.

Los gastos y las tarifas afectan el valor de la transacción y, por lo tanto, también el arranque potencial. Algunos gastos se pueden pagar con fondos de cambio. Estos incluyen:

- Comisión del corredor

- Tarifas intermedias calificadas

- Tarifas de presentación

- Honorarios de abogados relacionados

- Primas de seguro de título

- Honorarios de asesores fiscales relacionados

- Tarifas del buscador

- Tasas de depósito

Los gastos que no se pueden pagar con fondos de cambio incluyen:

- Tasas de financiación

- Impuestos a la propiedad

- Costos de reparación o mantenimiento.

- Primas de seguro

Capítulo 4: Intercambio de socios: intercambios Drop and Swap 1031

Las LLC solo pueden intercambiar propiedades como una entidad, a menos que hagan un cambio y un intercambio, en caso de que algunos socios quieran hacer un intercambio y otros no.

El interés en una sociedad no se puede utilizar en un intercambio 1031: los socios en una LLC no son dueños de la propiedad, son propietarios de una entidad propietaria, que es el contribuyente de la propiedad. Hay que tener esto presente. Los intercambios 1031 son realizados por un solo contribuyente como un lado de la transacción. Por lo tanto, se requieren pasos especiales cuando los miembros de una LLC o de una sociedad no están de acuerdo con la disposición de una propiedad. Esto puede ser bastante complejo porque la situación de cada propietario es única, pero lo básico es universal.

Cuando un socio quiere hacer un intercambio 1031 y los otros no, ese socio puede transferir los intereses de la sociedad a la LLC a cambio de una escritura a un porcentaje equivalente de la propiedad. Esto hace que el socio sea un inquilino en común con la LLC, y un contribuyente separado. Cuando se vende la propiedad de la LLC, la parte de las ganancias de ese socio pasa a un intermediario calificado, mientras que los otros socios reciben la suya directamente.

Cuando la mayoría de los socios desean participar en un intercambio 1031, los socios disidentes pueden recibir un cierto porcentaje de la propiedad en el momento de la transacción y pagar impuestos sobre los ingresos mientras que los ingresos de los demás van a un intermediario calificado. Estos procedimientos se denominan "soltar e intercambiar". Es el procedimiento más común en estas situaciones.

También se puede llevar a cabo un intercambio 1031 sobre propiedades mantenidas para inversión. Un diagnóstico importante de "tenencia para inversión" es la cantidad de tiempo que se mantiene un activo. Es deseable iniciar la caída (del socio) al menos un año antes del intercambio del activo. De lo contrario, el IRS (Internal Revenue Service) puede ver que los socios que participan en el intercambio no cumplen con ese criterio. Si eso no es posible, el intercambio puede tener lugar primero y los socios que quieran hacerlo pueden salir después de un intervalo razonable. Esto se conoce como un "intercambio y soltar".

Capítulo 5: Arrendamiento de intercambios de propiedades en común

Al igual que el drop and swap, los intercambios de tenencia en común son otra variación de 1031 transacciones. La tenencia en común no es una empresa conjunta o una sociedad (a la que no se le permitiría participar en un intercambio 1031), pero es una relación que le permite tener una participación fraccionaria directamente en una propiedad grande, junto con una para treinta y cuatro personas y más entidades. Esto permite que inversores relativamente pequeños participen en una transacción, además de tener una serie de otras aplicaciones en 1031 intercambios.

Estrictamente hablando, la tenencia en común otorga a los inversores la capacidad de poseer una propiedad inmobiliaria con otros propietarios, pero de tener los mismos derechos que un solo propietario. Los inquilinos en común no necesitan permiso de otros inquilinos para comprar o vender su parte de la propiedad, pero a menudo deben cumplir con ciertos requisitos financieros para estar "acreditados".

La tenencia en común se puede utilizar para dividir o consolidar las tenencias financieras, diversificar las tenencias u obtener una participación en un activo mucho más grande. Le permite especificar el volumen de inversión en un solo proyecto, lo cual es importante en un intercambio 1031, donde el valor de un activo debe coincidir con el de otro.

Ahora, ¿cómo el 1031 afecta la planificación patrimonial?

Uno de los principales beneficios de participar en un intercambio 1031 es que puede llevar ese aplazamiento de impuestos a la tumba. Si sus herederos heredan la propiedad recibida a través de un intercambio 1031, su valor se "eleva" al mercado justo, lo que anula la deuda de aplazamiento de impuestos. Tengamos esta información en cuenta ya que reduce nuestros impuestos, eleva el valor de la propiedad y nos lleva al camino de la riqueza.

Esto significa que si muere sin haber vendido la propiedad obtenida a través de un intercambio 1031, los herederos la reciben al valor de tasa de mercado aumentado, y se borran todos los impuestos diferidos. Se debe consultar a un planificador de bienes para aprovechar al máximo esta oportunidad. La tenencia en común se puede utilizar para estructurar activos de acuerdo con sus deseos para su distribución después de la muerte. Esto es una muy buena opción para no tener que pagar impuestos tan elevados cuando están heredando propiedades los hijos.

El aplazamiento de impuestos proporcionado por un intercambio 1031 es una oportunidad maravillosa para los inversores. Aunque es complejo en algunos puntos, esas complejidades permiten una gran flexibilidad. Este no es un procedimiento para un inversor que actúa solo. Se necesita asistencia profesional competente en prácticamente todos los pasos.

Capítulo 5: 401K: ¿Qué es un plan 401 (k)? ¿En qué nos beneficia este tipo de plan?

Un plan 401 (k) es una cuenta de jubilación de contribución definida con ventajas impositivas que muchos empleadores ofrecen a sus empleados. Lleva el nombre de una sección del Código de Rentas Internas de Estados Unidos. Los trabajadores pueden hacer contribuciones a sus cuentas 401 (k) a través de la retención automática de nómina, y sus empleadores pueden igualar algunas o todas esas contribuciones. Las ganancias de inversión en un plan tradicional 401 (k) no se gravan hasta que el empleado retire ese dinero, generalmente después de la jubilación. En un plan Roth 401 (k), los retiros pueden estar libres de impuestos. Esto nos ayuda a ahorrar para nuestra jubilación de forma voluntaria y ordenada. Esto nos va a ayudar porque nuestros empleados no nos van a dar el total de nuestro salario, van a deducir el monto que queremos aportar para nuestra jubilación. Esto nos va a facilitar el ahorro y a organizar nuestros gastos. Te recomendamos que hables con tu empleador y veas la posibilidad de poder aportar para tu jubilación.

Entonces, debemos pensar en el plan 401 (k) como una cuenta de jubilación patrocinada por la compañía a la que los empleados pueden contribuir. Los empleadores también pueden hacer contribuciones equivalentes.

Hay dos tipos básicos de 401 (k), tradicional y Roth, que difieren principalmente en cómo se gravan. Ten esta diferencia en cuenta antes de conversar con tu empleador. A continuación te explicamos las diferencias entre la 401 (k) tradicional y Roth.

En un 401 (k) tradicional, las contribuciones de los empleados reducen sus impuestos sobre la renta durante el año en que se realizan, pero sus retiros están sujetos a impuestos. Con un Roth, los empleados hacen contribuciones con ingresos después de impuestos, pero pueden hacer retiros libres de impuestos. Ahora, para poder comprender a profundidad la diferencia entre los planes, debemos hacer las siguientes acotaciones.

Hay dos planes 401 (k), esto quiere decir que debemos tener en cuenta que hay dos tipos básicos de cuentas 401 (k); la 401 (k) regular y la Roth 401 (k) tradicionales, a veces denominadas "cuentas Roth designadas". Los dos son similares en muchos aspectos, pero están sujetos a impuestos de diferentes maneras. Un trabajador puede tener cualquier tipo de cuenta o inclusive puede tener ambos tipos. Debemos analizarlas para poder compararlas y decidir qué va a ser la mejor opción para nosotros.

Capítulo 5: Contribuyendo a un plan 401 (k):

Ahora que ya sabes qué es el plan 401 (k), te explicamos cómo hacer las contribuciones. Comencemos con el 401 (k). A este se le conoce como un plan de contribución definida. El empleado y el empleador pueden hacer contribuciones a la cuenta, hasta los límites en dólares establecidos por el Servicio de Impuestos Internos (IRS). En contraste, las pensiones tradicionales (que no deben confundirse con las 401 (k) tradicionales) se denominan planes de beneficios definidos; esto significa que el empleador es responsable de proporcionar una cantidad específica de dinero al empleado al momento de la jubilación. Esto ya ha sido pactado. En las últimas décadas, los planes 401 (k) se han vuelto más abundantes y las pensiones tradicionales son cada vez más raras, ya que los empleadores han transferido la responsabilidad y el riesgo de ahorrar para la jubilación a sus empleados.

Los empleados también son responsables de elegir las inversiones específicas dentro de sus cuentas 401 (k), de la selección que ofrece su empleador. Esas ofertas generalmente incluyen una variedad de fondos mutuos de acciones y bonos, así como fondos de fecha objetivo que tienen una combinación de acciones y bonos apropiados en términos de riesgo para cuando esa persona espera jubilarse. También pueden incluir contratos de inversión garantizados (GIC) emitidos por compañías de seguros y, a veces, las propias acciones del empleador. Esto, como habrán visto, quita la presión al empleador y le quita la responsabilidad de proporcionar una cantidad específica de dinero al empleado al momento de la jubilación.

La cantidad máxima que un empleado o empleador puede contribuir a un plan 401 (k) se ajusta periódicamente para tener en cuenta la inflación. Es muy importante que tengamos esto presente. A partir del 2019, los límites básicos de las contribuciones de los empleados son de diecinueve mil dólares americanos por año para trabajadores menores de cincuenta años y veinticinco mil para los mayores de cincuenta años. Si el empleador también contribuye (o si el empleado elige hacer contribuciones adicionales no deducibles después de impuestos a su cuenta tradicional 401 (k)), la contribución total del empleado y/o empleador para trabajadores menores de cincuenta años tiene un límite de cincuenta y seis mil dólares americanos o el cien por ciento de la remuneración de los empleados, la que sea menor. Para los mayores de cincuenta años, el límite es de sesenta y dos mil dólares americanos. Debes tomar en cuenta tu edad para saber cuánto es lo que podrías ahorrar con la 401 (k). También te recomendamos que tomes en cuenta los años por venir para que veas qué es lo que te va a convenir. Te recomendamos que tomes en cuenta toda la información, tomes un par de horas, un par de días y hagas la investigación completa para que decidas qué es lo que realmente te conviene.

Los empleadores que igualan las contribuciones de sus empleados utilizan diferentes fórmulas para calcular esa coincidencia. Un ejemplo común podría ser cincuenta centavos o un dólar por cada dólar que el empleado aporta hasta un cierto porcentaje del salario. Los asesores financieros a menudo recomiendan que los empleados traten de contribuir al menos con suficiente dinero a sus planes 401 (k) para obtener la igualación completa del empleador. Debes recordar que este dinero lo recibirás cuando te jubiles, deberás hacer un esfuerzo para poder tener más riqueza y menos preocupaciones.

Los participantes deben recordar que una vez que su dinero está en un 401 (k), puede ser difícil retirarlo sin penalización. Recuerda que puedes tener gastos de emergencia. Debes tener un presupuesto mensual, inclusive semanal que incluya los aportes a la 401 (k), un fondo de emergencia, dinero para tus gastos y dinero para ahorrar. También te recomendamos que busques una 401 (k) donde puedas acceder fácilmente, en caso de que sea absolutamente necesario, de lo contrario, recomendamos que no retires ningún dinero de la 401 (k).

Si lo desean, y si su empleador ofrece ambas opciones, los empleados pueden dividir sus contribuciones, poniendo algo de dinero en un 401 (k) tradicional y algo en un Roth 401 (k). Sin embargo, su contribución total a los dos tipos de cuentas no puede exceder el límite para una cuenta (como diecinueve mil en 2019). Las contribuciones de los empleadores sólo pueden ir a una cuenta tradicional 401 (k), donde estarán sujetas a impuestos al momento del retiro.

Capítulo 6: Tomar los retiros de un plan 401 (k)

Las ganancias en una cuenta 401 (k) están diferidas de impuestos en el caso de los 401 (k) tradicionales y libres de impuestos en el caso de Roths. Cuando el propietario de un 401 (k) tradicional realiza retiros, ese dinero (que nunca ha sido gravado) se gravará como ingreso ordinario. Los propietarios de cuentas Roth (que ya han pagado impuestos sobre la renta por el dinero que contribuyeron al plan) no deberán pagar impuestos sobre sus retiros, siempre que cumplan ciertos requisitos. Toma esto en cuenta para ver qué tipo de plan es el que te convendrá.

Tanto los propietarios tradicionales como los Roth 401 (k) deben tener al menos cincuenta y nueve y seis meses de años de edad, o cumplir con otros criterios establecidos por el IRS (Internal Revenue Service) como por ejemplo, ser discapacitados total y permanentemente, esto hará que puedan comenzar a realizar retiros. De lo contrario, se enfrentarán a un impuesto adicional de multa por distribución anticipada del diez por ciento además de cualquier otro impuesto que deban. Por esta razón, volvemos a hacer énfasis en la importancia de tener un presupuesto, de tener un fondo de emergencia y de tener ahorros. Debemos ser ordenados con nuestras finanzas, debemos tomar en cuenta nuestros gastos y nuestros ingresos. Trata de recortar la mayor cantidad de gastos innecesarios que sean posibles, esto incrementará el monto de dinero disponible para gastar o ahorrar. No retires a menos que sea absolutamente necesario, que sea por un tema realmente urgente como la salud por ejemplo. De lo contrario, es suficiente ordenar tus gastos, tu ingreso, elaborar un presupuesto y seguir el mismo.

Ahora, considera que ambos tipos de cuentas también están sujetas a distribuciones mínimas requeridas o RMD. (Los retiros a menudo se denominan "distribuciones" en el lenguaje del Internal Revenue Service). Después de los setenta años de edad con seis meses, los propietarios de las cuentas deben retirar al menos un porcentaje específico de sus planes 401 (k), utilizando tablas del IRS basadas en su esperanza de vida en ese momento. Sin embargo, si todavía están trabajando y la cuenta está con su empleador actual, es posible que no tengan que tomar RMD de ese plan. (Las Roth IRA, a diferencia de las Roth 401 (k), no están sujetas a RMD durante la vida útil del propietario). Toma también esto en cuenta, debes pensar hasta qué edad es la que debes trabajar o la que quieres trabajar. Esto también va a afectar tu jubilación.

Capítulo 7: Más diferencias entre la 401 (k) tradicional y la Roth 401 (k)

Cuando los planes 401 (k) estuvieron disponibles por primera vez en 1978, las compañías y sus empleados tenían solo una opción: el 401 (k) tradicional. Luego, en 2006, llegó Roth 401 (k) s. Los Roth llevan el nombre del ex senador estadounidense William Roth de Delaware, el principal patrocinador de la legislación de 1997 que hizo posible el Roth IRA.

Si bien los Roth 401 (k) fueron un poco lentos para ponerse al día, muchos empleadores ahora los ofrecen. Entonces, la primera decisión que los empleados suelen tomar es: ¿Roth o tradicional? ¿Cuáles son las diferencias y cuál es la que me conviene a mí? Debes preguntarte cuál de las dos te llevará a la tranquilidad e incrementará tu riqueza.

Comencemos, como regla general, los empleados que esperan estar en una categoría impositiva marginal más baja después de jubilarse pueden optar por un 401 (k) tradicional y aprovechar la exención impositiva inmediata. Por otro lado, los empleados que esperan estar en un rango más alto podrían optar por el Roth para poder evitar impuestos más adelante. Por ejemplo, un Roth podría ser la opción correcta para un trabajador más joven cuyo salario es relativamente bajo ahora pero es probable que aumente sustancialmente con el tiempo. También es importante, especialmente si el Roth tiene años para crecer: ningún impuesto sobre los retiros significa que todo el dinero que ganan las contribuciones durante décadas de estar en la cuenta tampoco está sujeto a impuestos. Toma esta información en cuenta para poder tomar una correcta decisión que te traiga beneficios con el tiempo.

Dado que nadie puede predecir qué tasas impositivas serán dentro de décadas, ninguno de los tipos de 401 (k) es seguro. Por esa razón, muchos asesores financieros sugieren que las personas cubran sus apuestas, poniendo parte de su dinero en cada una. Esto se puede hacer y hará que te beneficies con ambas partes, ya que ninguna de las dos es segura.

Debes tener algunas consideraciones especiales que van a afectar el plan. Por ejemplo, un cambio de trabajo es lo que más afecta al plan. Entonces, cuando un empleado deja una empresa donde tiene un plan 401 (k), generalmente tiene cuatro opciones:

1. Retirar el dinero

Esto suele ser una mala idea a menos que el empleado necesite absolutamente el efectivo para un propósito urgente, como una factura médica. No solo el dinero estará sujeto a impuestos en el año en que se retira, sino que el empleado también puede recibir el impuesto adicional de distribución anticipada del diez por ciento a menos que tenga más de cincuenta y nueve años y seis meses y esté total y permanentemente discapacitado o cumpla con los otros criterios del IRS para una excepción a la regla. De nuevo, te recomendamos que no retires el dinero, ahorra ese dinero ya que no deberás pagar esos impuestos ni el diez por ciento si no cumples con los requisitos. Siempre ten dinero reservado para alguna emergencia, es decir, ten un fondo de emergencias e imprevistos.

En el caso de las cuentas Roth IRA, las contribuciones del empleado pueden retirarse libres de impuestos y sin penalización en cualquier momento, pero las ganancias estarán sujetas a impuestos si el empleado tiene menos de cincuenta y nueve años y seis meses y ha tenido la cuenta por menos de cinco años. E incluso si el empleado es capaz de retirar el dinero libre de impuestos, disminuirá sus ahorros para la jubilación, lo cual puede lamentar más adelante en la vida. De nuevo, evita a toda costa retirar tus ahorros de la cuenta, déjalo ya que para poder tener más riqueza en el futuro, debemos hacer algunos sacrificios en el presente.

2. Trasládalo a un IRA

Al trasladar el dinero a una IRA en, por ejemplo, una empresa de corretaje o una compañía de fondos mutuos, el empleado puede evitar impuestos inmediatos y mantener el estado de ventaja fiscal de su cuenta. Además, es probable que el empleado tenga una gama más amplia de opciones de inversión en una IRA que con el plan de su empleador. Esta es una muy buena opción y válida en caso de que cambiemos de trabajo.

El Internal Revenue Service tiene reglas relativamente estrictas sobre transferencias y cómo deben llevarse a cabo, y enfrentarse a ellas puede ser costoso. Por lo general, la institución financiera que está en línea para recibir el dinero estará más que feliz de ayudar con el proceso y evitar cualquier paso en falso. Como ya hemos comentado, es de suma importancia que comprendamos todas las variables, entendamos la legalidad de lo que queramos hacer y si no estamos seguros, que consultemos con una persona especializada en el tema. No queremos dar pasos en falso ni tener problemas con el Internal Revenue Service. Debes tomar en cuenta, que el dinero en un 401 (k) o una IRA generalmente está protegido de los acreedores.

Si estás cambiando de trabajo, también tienes la opción de dejar con el antiguo empleador la cuenta. Esto quiere decir que los empleadores deberán permitir que un empleado saliente mantenga indefinidamente una cuenta 401 (k) en su antiguo plan, aunque el empleado no puede hacer más contribuciones al mismo. Esto generalmente se aplica a cuentas con un valor de al menos cinco mil dólares americanos. Si contamos con menos de ese monto, esta opción no es factible. En el caso de cuentas más pequeñas, el empleador no puede darle al empleado otra opción que mover el dinero a otro lugar. Entonces, de tener la oportunidad te recomendamos que dejes el dinero con tu antiguo empleador a menos que no cumplas con el valor, en ese caso, mueve tu dinero pero sigue aportando. Recuerda que este camino te llevará a la riqueza y a la tranquilidad económica.

Dejar el dinero 401 (k) donde está puede tener sentido si el plan del antiguo empleador está bien administrado y el empleado está satisfecho con las opciones de inversión que ofrece. El peligro es que los empleados que cambian de trabajo en el transcurso de sus carreras pueden dejar un rastro de los viejos planes 401 (k) y pueden olvidarse de uno o más de ellos. Sus herederos también podrían desconocer la existencia de las cuentas. Por esta razón, te recomendamos que tengas una libreta, una carpeta en la computadora o lo que más te acomode, la información de nuestras cuentas, dónde y en qué empresas o en cuáles empresas has trabajado. Esto hará que no pierdas ningún dinero y acumules más dinero. Recuerda ser ordenado en tus finanzas y nunca olvides cuál es el plan que tienes.

Por otro lado, si no tienes la cantidad de cinco mil dólares americanos y no cumples con las condiciones, debes mover el dinero al nuevo empleador. Algunas compañías permiten a los nuevos empleados trasladar un antiguo 401 (k) a su propio plan. Al igual que con una reinversión de IRA, esto puede mantener el estado de impuestos diferidos de la cuenta y evitar impuestos inmediatos. Podría ser una decisión prudente si el empleado no se siente cómodo tomando las decisiones de inversión involucradas en la administración de una IRA de reinversión y prefiere dejar parte de ese trabajo al administrador del nuevo plan.

Además, si el empleado se acerca a los setenta años y seis meses, tenga en cuenta que el dinero que está en un 401 (k) en el empleador actual no está sujeto a RMD. Mover el dinero protegerá más activos de jubilación bajo ese paraguas. Ahorra lo más que puedas, toma decisiones inteligentes y verás la cantidad de riqueza que puedes lograr. Puedes usar diferentes estrategias para no tener que pagar tantos impuestos, por lo tanto, tendrás más dinero disponible en efectivo para gastar, invertir o ahorrar. Recuerda que estas cuentas tienen la llave de tu futuro, mientras más ahorres, más cómodamente vivirás en el futuro. Ten en claro a qué edad quieres jubilarte y cómo quieres vivir. Esto te dará una idea de cómo y cuánto es lo que tendrás que ahorrar. Sabrás cuánta es la cantidad de dinero que tienes que ahorrar mensualmente para poder vivir de la manera que tú quieras vivir en el futuro.

Capítulo 8: ¿Qué es un IRA? ¿Cómo nos beneficia?

Hemos estado haciendo mención al IRA, ¿qué es y a qué nos referimos con esto? Te recomendamos que releas y anotes estas definiciones y los puntos importantes para que puedas tener una perspectiva más amplia de qué es lo que te conviene y cuáles son las diferencias reales y cómo te afectan. Continuemos, una cuenta de jubilación individual (IRA) le permite ahorrar dinero para la jubilación de manera ventajosa.

El crecimiento de la cuenta de jubilación individual (IRA) depende de muchos factores. Se basa en gran medida en la cantidad de dinero invertido y en el riesgo que el inversionista está dispuesto a asumir, lo que determina qué tipos de inversiones se incluyen en la cuenta. Hacer contribuciones regulares a la cuenta también tiene un efecto dramático en el rendimiento. Toma en cuenta que debemos tener toda la información de los riesgos relacionados a nuestras inversiones para poder tomar decisiones educadas e informadas acerca de nuestro dinero y nuestro futuro.

¿Si elijo una IRA, las contribuciones afectarán el crecimiento del mismo? Sí, un factor verdaderamente importante que determina el crecimiento de una IRA es cuánto estamos contribuyendo. A partir del 2019, las contribuciones de IRA están limitadas a seis mil dólares americanos al año, en el 2018 por ejemplo, sólo se podía aportar cinco mil quinientos dólares americanos anualmente, si tienes menos de cincuenta años y seis meses, o, también puedes aportar siete mil dólares americanos si tienes 50 años o más (debido a los mil dólares americanos adicionales permitidos a través de una contribución de recuperación). Si se invierten seis mil dólares americanos anualmente en una IRA con un rendimiento del cinco por ciento, debemos tomar en cuenta que después de treinta años, la cuenta valdría más de cuatrocientos mil dólares. El hecho de que el interés pueda reinvertirse y crecer libre de impuestos tampoco perjudica. ¿Ya habías escuchado del IRA antes?

¿Se toma en cuenta la inflación y otros factores como la economía? Por supuesto, para vencer la inflación, es necesario invertir en vehículos de inversión de mayor riesgo, como acciones individuales, fondos indexados o fondos mutuos. Las IRA pueden invertir en una variedad de valores ofrecidos por varias entidades: corporaciones públicas, sociedades generales (GP), sociedades limitadas (LP), sociedades de responsabilidad limitada (LLP) y compañías de responsabilidad limitada (LLC). Las inversiones en IRA que están relacionadas con estas entidades incluyen acciones, bonos corporativos, capital privado y un número limitado de productos derivados. Sin embargo, no todas las inversiones son elegibles para una IRA, como antigüedades o coleccionables, seguros de vida y bienes inmuebles de uso personal, entre otros. Vale enfatizar, que tenemos diferentes tipos de cuentas y maneras de ahorrar y adquirir más dinero en las IRA, nuestra inversión va a depender de qué tanto riesgo queramos y estemos dispuestos a tomar.

¿Qué es lo popular en las IRA? ¿Qué es lo que me conviene? Por ejemplo, las acciones son una opción popular para las IRA porque las ganancias obtenidas son básicamente contribuciones adicionales a la IRA. Las acciones también hacen crecer las IRA a través de dividendos y aumentos en el precio de las acciones. Si bien nadie puede predecir el futuro, el rango anual de rendimiento de las inversiones en acciones históricamente ha estado entre ocho por ciento y el doce por ciento. Para ser un poco más claros, te vamos a poner un ejemplo: al invertir seis mil dólares americanos al año en un fondo de índice bursátil durante 30 años con un rendimiento promedio del diez por ciento, podría ver su cuenta crecer a más de un millón de dólares (aunque tenga en cuenta el impacto de las tarifas de inversión). Con un gran potencial para aumentar los fondos de manera consistente a lo largo del tiempo con la magia de la capitalización, está claro por qué las acciones casi siempre aparecen en las cuentas IRA. ¿Estás sorprendido? ¿Un millón de dólares? ¿Eso es posible? Sabemos que eso es lo que estás pensando pero sí, es posible. Todo es cuestión de saber dónde y cómo invertir nuestro dinero. Si seguimos diferentes estrategias y atajos, podemos reducir nuestros impuestos e incrementar nuestra capital. Esto nos va a llevar a la riqueza sin pensarlo y sin mucho esfuerzo. ¿Ya estás comenzando a realizar tus cálculos? Y, ¿ya estás comenzando a planear y pensando dónde podrás tu dinero?

Las inversiones de mayor riesgo, como las acciones, ayudan a aumentar las IRA de manera más dramática. Las inversiones más estables, como los bonos, a menudo se incluyen en las cuentas IRA para diversificar y equilibrar la volatilidad de las acciones con un ingreso estable. Tú deberás decidir si vale la pena asumir ese riesgo, no olvides tomar en cuenta que sí puedes perder dinero pero también puedes ganar. Esta decisión es personal, toma el tiempo que sea necesario para pensar y analizar en esto.

Recuerda que una IRA es una cuenta establecida en una institución financiera que permite a un individuo ahorrar para la jubilación con un crecimiento libre de impuestos o con impuestos diferidos. Los 3 tipos principales de IRA tienen diferentes ventajas. Deberás también decidir cuál es la que a ti te conviene. Comencemos a explicar los diferentes tipos de IRA para que puedas decidir según tu situación actual cuál podría ser la mejor opción para ti.

IRA tradicional: Esta es la que realiza contribuciones con dinero que puede deducir en su declaración de impuestos, y cualquier ganancia puede crecer con impuestos diferidos hasta que los retire en la jubilación. Muchos jubilados se encuentran en una categoría impositiva más baja de lo que estaban antes, por lo que el aplazamiento de impuestos significa que el dinero puede estar sujeto a impuestos a una tasa más baja. Tendrás que revisar cuál es el monto de dinero que declara de impuestos y qué es lo que más le conviene.

Por otro lado, el Roth IRA es en el cual podemos realizar contribuciones con dinero sobre el que ya ha pagado impuestos (después de impuestos), y su dinero puede crecer potencialmente libre de impuestos, con retiros libres de impuestos en la jubilación, siempre que se cumplan ciertas condiciones. Toma esto en cuenta, debes saber cuánto es lo que pagas de impuestos.

Ahora, la última opción que presentaremos es el Rollover IRA. Esto significa que vas a contribuir dinero "transferido" de un plan de jubilación calificado a este IRA tradicional. Las transferencias implican mover activos elegibles de un plan patrocinado por el empleador, como un 401 (k) o 403 (b), a una IRA.

Ya sea que elija una cuenta IRA tradicional o Roth, los beneficios fiscales permiten que sus ahorros crezcan o se acumulen más rápidamente que en una cuenta imponible. Sabemos que tantas definiciones y tanta información pueden ser bastante confusas y complicadas. Por eso debemos tener claro el por qué debemos invertir en una IRA. Debemos tener muy en claro cuáles son los beneficios de los cuales nosotros podríamos gozar.

¿Sabes cuánto debes ahorrar para poder jubilarte? Muchos expertos financieros estiman que puede necesitar hasta el ochenta y cinco por ciento de sus ingresos previos a la jubilación al jubilarse. Un plan de ahorro patrocinado por el empleador, como un 401 (k), podría no ser suficiente para acumular los ahorros que necesita. Afortunadamente, puede contribuir tanto a un 401 (k) como a un IRA. Complemente sus ahorros actuales en el plan de jubilación patrocinado por su empleador. Obtenga acceso a una gama potencialmente más amplia de opciones de inversión que el plan patrocinado por su empleador.

Debes recordar y aprovechar el potencial crecimiento con impuestos diferidos o debes disfrutar el que sea libre de impuestos. Te recomendamos tratar de contribuir la cantidad máxima a su IRA cada año para aprovechar al máximo estos ahorros. Asegúrese de controlar sus inversiones y hacer los ajustes necesarios, especialmente a medida que se acerca la jubilación y cambian sus objetivos. Ahorra más, elabora tu presupuesto y síguelo, disminuye tus gastos innecesarios. Aporta más a tu jubilación, a tus ahorros, a tu fondo de emergencia. Uno nunca sabe cuándo podría tener una emergencia y necesitar ese dinero.

Conclusión:

Te recomendamos volver a leer el libro para que puedas tener un poco más clara la información ya que entendemos que es bastante técnica. Lo primero que debes hacer es saber cuál es el monto real que pagas de impuestos, puedes hacer el cálculo de cuánto dinero podrías estar ahorrando una vez que ya has encontrado la manera de reducir tus impuestos. Debemos saber en qué los estamos gastando y si podríamos reducirlo.

Como ya hemos explicado, hay diferentes estrategias y diferentes maneras y atajos que nos permitirá reducir la cantidad de impuestos que estamos pagando. Debes recordar siempre consultar a un profesional, no queremos excluir ninguna regla. Debes tener la información y las condiciones para poder reducir los impuestos claras. Ahora, ¿por qué es una buena idea mover el dinero o invertirlo? Porque debemos reducir nuestros impuestos al mínimo, es decir, lo más que podamos para poder tener más riqueza en el futuro. Reducir nuestros impuestos va a incrementar la cantidad de dinero que tendremos disponible, es decir, reduciremos el gasto en impuestos mensuales lo que nos dejará con más dinero de nuestros ingresos que podremos ahorrar o podemos invertirlo de diferentes maneras que nos ayudarán a generar intereses y a tener aún más dinero disponible. Es decir, este dinero adicional nos va a ayudar a generar a su vez más dinero.

Ahora, ¿has escuchado cómo puede beneficiarte y cuáles son las estrategias y los atajos para poder reducir los impuestos utilizando el Cash Value Life Insurance, 1031 Real Estate Exchange, el 401k o el IRA?

Recuerda que el Cash Value Insurance es un seguro de vida permanente que permite el retiro de dinero en efectivo, el 1031 Real Estate Exchange permite evitar pagar impuestos sobre las ganancias de capital cuando vende una propiedad de inversión y reinvierte el producto de la venta dentro de ciertos límites de tiempo en una propiedad o propiedades de tipo similar e igual o mayor valor. Debemos tomar en cuenta que la propiedad de reemplazo debe ser de igual o mayor valor. Esto quiere decir que debe identificar una propiedad de reemplazo para los activos vendidos dentro de los cuarenta y cinco días posteriores a concluidos el intercambio dentro de los ciento ochenta.

Recuerda que debes cumplir con las reglas y calificar por lo menos a una. Revisa y aprende la regla de tres propiedades, la regla del doscientos por ciento y la regla del noventa y cinco por ciento. El aplazamiento de impuestos proporcionado por un intercambio 1031 es una oportunidad maravillosa para los inversores. Aunque es complejo en algunos puntos, esas complejidades permiten una gran flexibilidad. Este no es un procedimiento para un inversor que actúa solo. Se necesita asistencia profesional competente en prácticamente todos los pasos. Recuerda que esto también puedes usarlo en casos de herencia, entre otros.

Entendemos que es complicado y técnico por lo que recomendamos que trabajes junto con un profesional.

Por otro lado, ¿tienes una pensión? ¿Estás guardando dinero para tu futuro? ¿Estás trabajando actualmente en una empresa y tienen planes de jubilación? Te recomendamos que le preguntes a tu empleador acerca del plan 401 (k) y veas cuál es el que te conviene, es decir, si te conviene el plan tradicional o el Roth. Asimismo, deberás tomar en cuenta tu edad, cuáles son las variantes de cada plan y te recomendamos tener presente la IRA. Recuerda que va a afectar si te cambias de trabajo, tu edad, tu ingreso, entre otros. Si sigues todas nuestras estrategias y atajos, podrás disminuir tu cantidad de impuestos. Hazlo, sigue nuestros consejos y verás cómo comienzas a incrementar tu riqueza. Debes pensar en tu jubilación, en cómo quieres vivir y según eso ver qué plan realmente te conviene. No olvides que deberás elaborar un plan de gastos que deberá incluir tus ingresos, tus gastos que te recomendamos que los disminuyas lo más que puedas y la cantidad de impuestos que pagas. ¿Puedo disminuir mis gastos? Sí, los puedes disminuir, sólo deberás revisar cuáles son tus suscripciones y cuáles son los gastos que realizas que podrías eliminar como por ejemplo Spotify, Netflix y pedir comida fuera de casa cuatro días a la semana. Elabora un presupuesto, baja tus gastos, reduce tus impuestos y verás cómo incrementa tu patrimonio y tus ahorros.